AF142749

INFLATION

9 vérités pour comprendre et s'adapter

©2022. EDICO
Édition : JDH Éditions
77600 Bussy-Saint-Georges. France

Imprimé par BoD – Books on Demand, Norderstedt, Allemagne

Réalisation graphique couverture : Cynthia Skorupa

ISBN : 978-2-38127-245-0
Dépôt légal : février 2022

Jean-David Haddad

INFLATION

9 vérités
pour comprendre et s'adapter !

JDH Éditions
Business

L'inflation est de retour ! On l'entend depuis plusieurs mois, et on le vit !

Mais nous dit-on tout ce qu'il faut savoir sur le sujet ?

Certainement pas.

Déjà, on ne nous dit pas que l'inflation enrichit les riches ! Il va de soi que, corrélativement, elle a tendance à appauvrir les pauvres.

On ne nous dit pas que l'accélération de l'inflation que nous connaissons en 2022 est largement provoquée par les pouvoirs publics.

On ne nous dit pas non plus que l'inflation, bien qu'absente des indices des prix à la consommation, est parmi nous depuis déjà un bon bout de temps. Et que les Français la ressentent sur leur pouvoir d'achat.

On ne nous dit pas que face à l'inflation, il y a des stratégies à mettre en place pour son épargne, afin de réduire les risques.

On ne nous dit pas que les mécanismes à l'œuvre sont aussi ceux qui ont fait exploser les cryptomonnaies.

Et on ne nous dit pas, tout simplement, ce qu'est l'inflation !

Ce livre ne prétend pas être l'essai ultime sur l'inflation, mais relater des vérités qui sont bonnes à connaître dans le contexte présent et à venir, pour bien comprendre, et pour s'adapter. Il prétend aussi combler un vide sidéral puisqu'aucun livre n'a été publié en France sur ce thème si sensible, tandis que les Français ne sont toujours pas réconciliés avec l'économie.

Chaque chapitre est construit autour d'une vérité, énoncée en tout début de texte, comme si elle était le titre d'un chapitre.

Vérité 1

L'inflation n'est pas la hausse des prix !

Le terme « inflation » provient du latin « inflatio » qui signifie « gonflement, dilatation, expansion ». On peut dire que l'inflation est le passage de la rareté à l'abondance, du moins de la rareté relative à une abondance relative. Et l'on sait que tout ce qui est rare est recherché, tout ce qui est abondant est déprécié.

Le mot est utilisé dans toutes les sphères de la vie.

Ainsi, on parle par exemple de l'inflation du nombre de diplômes. Entre 1985 et 2015, le nombre de diplômes BAC+5 délivrés en France a été multiplié par 5. Un vrai phénomène d'inflation.

On peut parler de l'inflation des lois : il y a de plus en plus de lois. Pour un simple fait divers qui fait du bruit, on va produire une loi. En 2002, l'arsenal judiciaire français comptait 215 000 articles législatifs et réglementaires, contre 331 000 en 2021.

Que constate-t-on ?

– Que les diplômes n'ont plus la même valeur qu'avant. Aujourd'hui, avoir un diplôme BAC+5 est presque devenu banal, puisque ces diplômes sont 5 fois plus abondants qu'en 1985. Ils sont donc dépréciés, et ne donnent plus accès, de manière aussi évidente qu'autrefois, à un emploi bien rémunéré, voire à un emploi tout court.

– Que plus il y a de lois, plus on s'y perd, plus les lois apparaissent comme banales, impressionnent moins et donnent moins envie de les respecter, d'autant plus qu'il est impossible de respecter 331 000 articles !

Evolution du nombre d'articles législatifs et réglementaires en vigueur

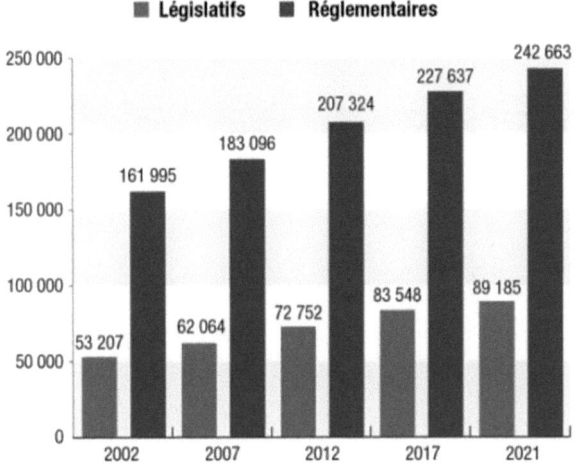

■ Législatifs ■ Réglementaires

SOURCE : SECRÉTARIAT GÉNÉRAL DU GOUVERNEMENT

Ces deux exemples montrent un phénomène clair et net : l'inflation déprécie ce qui en est l'objet.

Passons à la sphère purement économique à présent...

Vérité 2

La création monétaire a déprécié la monnaie et fait monter les prix

Que s'est-il passé avec la gestion de la crise du COVID ? Un pays comme la France, qui a fermé l'économie, a dû soutenir cette dernière avec de l'argent qu'il n'a pas (aides aux commerces fermés, prise en charge du chômage partiel, etc). D'autres pays ont fait de même. Mais si l'on reprend l'exemple de la France, elle a emprunté cet argent qu'elle n'avait pas. Principalement auprès de la Banque Centrale Européenne, qui, pour prêter de l'argent à la France, sous forme obligataire, a créé de la monnaie. Et elle a fait pareil avec d'autres pays. Rappelons qu'une Banque Centrale a le privilège de pouvoir créer de la monnaie à loisir.

Mais si elle en crée trop, que va-t-il se passer ? Le phénomène sera le même que pour les diplômes ou pour les lois : ce qui devient abondant perd de sa valeur. Donc la monnaie perdra de sa valeur. Par rapport à quoi ? À ce qu'elle permet d'acheter ! Donc les biens et services. Surtout quand ces derniers sont fortement demandés, comme le pétrole, par exemple, qui est nécessaire au redémarrage économique mondial. Si la monnaie se déprécie par rapport à ce qu'elle permet de se procurer, cela signifie que les biens et services en question, au contraire, gagnent de la valeur par rapport à cette monnaie. Donc leur prix augmente. C'est l'inflation des prix. Que, par abus de langage, on appelle inflation. Car, comme nous venons de le voir, l'inflation, à la base, n'est pas la hausse des prix, mais l'expansion d'une quantité. Comme la masse monétaire. Tout simplement.

Dans le langage économique utilisé par les médias, l'inflation se définit donc comme la hausse des prix des biens et services, et comme on vient de le constater, cette inflation des prix provient souvent (mais pas toujours) d'une inflation de la masse monétaire par le simple phénomène de dépréciation de la monnaie eu égard à ce qu'elle permet d'acheter.

Le fait que les banques centrales puissent créer de la monnaie selon leur volonté déprécie la monnaie. Et voilà aussi pourquoi les cryptomonnaies voient leur prix croître par rapport à celui des monnaies traditionnelles. Une cryptomonnaie, quand elle est créée, se voit attribuer par ses créateurs une quantité maximale de « tokens » (unités) en circulation. Cette quantité étant connue à l'avance, cela plafonne l'expansion de cette crypto et lui confère une rareté potentielle. Ce qui fait monter son prix, par rapport à une monnaie comme l'euro ou le dollar, qui, elle, n'a pas de limite dans sa création. Par exemple, le **Bitcoin** a un **nombre** limité de tokens pouvant exister, fixé à 21 millions. Ce chiffre devrait être atteint d'ici 2140. Il y a actuellement près de 19 millions de Bitcoins en circulation. Nous sommes donc à 90 % de la capacité maximum. Et la courbe d'émission de Bitcoins s'aplatit, ce qui fait qu'à l'avenir, ce sont de moins en moins de Bitcoins qui seront créés (minés).

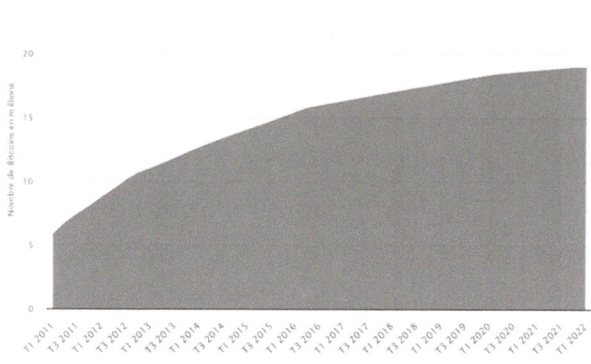

Source : Statista 2022

Voici, en comparaison, le nombre de billets d'euros en circulation (ils sont plus de 26 milliards à fin 2021) :

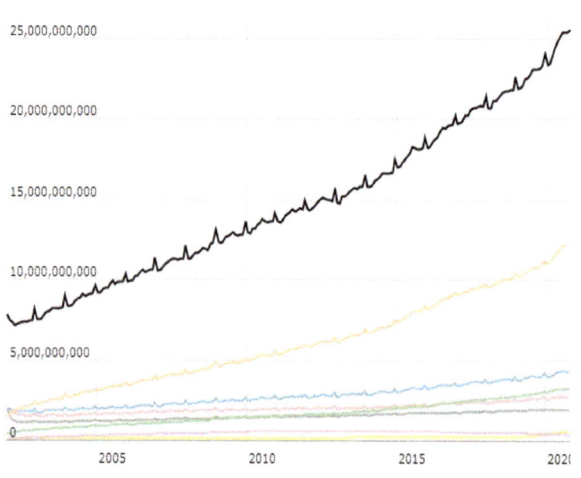

La courbe en noir représente le nombre total de billets et les autres courbes représentent les différents types de billets (200 €, 100 €, etc).

On voit clairement la différence avec la courbe de mise en circulation de Bitcoins ! La première croit de moins en moins vite, la deuxième de plus en plus vite, ce qui fait qu'il y a une rareté relative du Bitcoin par rapport à l'euro, qui s'affirme dans le temps.

À ce stade, une parenthèse mérite d'être ouverte : pourquoi cette inflation du nombre de billets en euros alors que tout est fait pour limiter les transactions en espèces ? Tout simplement car il y a beaucoup de réserves en billets de la part de la Banque Centrale Européenne, mais aussi de la part des ménages et entreprises, ainsi que beaucoup de circulation dans les pays en voie de développement, dont certains thésaurisent de l'euro, comme ils le font pour le dollar, ces monnaies étant considérées comme stables.

Voilà posée la principale base de l'inflation. À savoir que, comme le dit Milton Friedman, prix Nobel d'économie en 1976, l'inflation est un phénomène monétaire. Les adeptes d'un autre immense économiste, JM Keynes, sont moins catégoriques et pensent qu'une hausse de la quantité de monnaie peut avoir un effet direct sur l'économie et le volume de production, car les agents économiques, ayant plus d'argent en leur possession, vont le dépenser ou l'investir, ce qui entraînera une hausse de la production et donc du PIB. Seulement, si on en revient à la gestion monétaire de la crise sanitaire de 2020/21, on constate que les surplus monétaires en possession des agents s'accumulent et s'investissent dans les actifs boursiers, immobiliers ou autres. Ainsi, le CAC 40 a doublé entre la fin du krach de mars 2020 et le début d'année 2022. Les prix immobiliers, déjà très élevés avant la crise sanitaire, ont encore augmenté...

Mais si ces prix ont ainsi augmenté, c'est parce que la masse monétaire qui a été créée, dont une partie se retrouve auprès de la population, entraîne une forte demande de biens immobiliers.

On en vient à un autre facteur de la hausse des prix : l'offre et la demande.

Vérité 3

Mais la hausse des prix, dite abusivement « inflation », c'est aussi l'offre et la demande

Quand le sud de l'Europe est touché par la sécheresse, le prix de l'huile d'olive augmente dans les supermarchés partout en Europe. Le prix des hébergements à Londres et dans le sud de l'Angleterre a flambé au moment des Jeux Olympiques. Si vous réservez vos billets de train ou d'avion longtemps à l'avance, vous paierez moins cher que si vous réservez quelques jours avant votre départ. Lorsqu'une guerre éclate au Moyen-Orient, le prix du pétrole augmente en Europe. Lors du Festival de Cannes, les prix des hôtels alentour flambent. Ainsi, selon *Trivago.fr* (2016) : « *Les voyageurs qui veulent séjourner à Cannes durant le festival devront payer 390 euros en moyenne pour une nuit d'hôtel. C'est 236*

euros de plus (soit +153 %) qu'en temps nor-
mal où la même prestation coûte environ
154 euros. »

Qu'est-ce que ces événements ont en commun ? Ils révèlent tous l'action de l'offre et de la demande, les deux forces qui animent les économies de marché. Elles déterminent la quantité produite de chaque bien ou service et le prix auquel il sera vendu.

Précisons qu'un bien est un produit matériel et stockable (par exemple : un smartphone, une trottinette, une imprimante 3D), tandis qu'un service est un produit immatériel et non stockable (par exemple : un cours de conduite dans une auto-école, une consultation chez le médecin ou une coupe de cheveux).

Revenons aux termes d'offre et de demande : ils font référence au comportement des individus en interaction au sein des marchés. Un marché est défini par un groupe d'acheteurs ou de vendeurs d'un bien ou d'un service particulier. Le groupe des acheteurs détermine la demande pour le produit et le groupe des vendeurs l'offre d'un produit. Il est important de comprendre que le niveau de l'offre, comparativement à la demande, et inversement, a des conséquences sur le niveau des prix.

Ainsi, typiquement, si la quantité offerte est supérieure à la quantité demandée, le prix aura tendance à baisser. Par exemple, des producteurs de betterave du Calvados ou du Nord, découragés par l'interdiction de certains produits phytosanitaires, se sont rabattus sur des productions légumières identiques à celles qui sont cultivées dans la Manche, d'où une probable offre supérieure à la demande actuelle et des prix qui plongent comme celui des carottes ou des poireaux dans la Manche (premier producteur de carottes, poireaux et navets).

Inversement, si la quantité demandée est supérieure à la quantité offerte, le prix aura tendance à augmenter.

Ainsi, on constate aujourd'hui que le prix de nombreux produits (comme les pâtes) repart à la hausse. Cela peut s'expliquer très simplement. Le Canada, premier producteur de blé dur, la seule matière première des pâtes alimentaires, a souffert de la sécheresse. Par conséquent, les récoltes sont beaucoup plus faibles que d'habitude, d'où une flambée des prix mondiale.

En France, le marché a été lui aussi durablement affecté par une météo défavorable (pluies abondantes pendant la floraison et la moisson), réduisant l'offre de blé dur français pour faire des pâtes alimentaires. Ainsi, l'offre de blé dur étant inférieure à la demande, les prix ont donc mécaniquement augmenté et le consommateur le ressent quand il achète ce produit. Le prix du café devrait lui aussi augmenter à cause de mauvaises récoltes au Brésil, à la suite des gelées exceptionnelles de cet hiver.

Quant à la hausse actuelle des prix des carburants, elle s'explique par les perspectives de la reprise économique qui fait s'envoler la demande mondiale de pétrole ainsi que les tensions en Libye et au Kazakhstan. Sans parler de celles en Ukraine… De plus, une partie des taxes composant le prix du litre à la pompe sont variables et donc indexées sur le prix du pétrole. De ce fait, il y a un double effet inflationniste qui se cumule.

À l'inverse, la baisse des prix s'explique par un excès d'offre sur la demande. Les boursicoteurs connaissent bien le phénomène. Quand une entreprise inquiète ou révulse, tout le monde veut vendre son action et peu de gens veulent l'acheter. Du coup, son cours de bourse, qui est son prix, tout simplement, s'effondre. On l'a vu avec Orpea fin janvier 2022 suite au scandale dénoncé par un livre. C'est ce qui mène à un krach boursier : un effondrement des prix d'une action, ou d'un indice boursier quand cela concerne tout le marché.

En conclusion, l'offre, la demande et les prix sont liés.

L'inflation des prix passe aussi par là. Mais la masse monétaire n'est pas étrangère au phénomène, puisque son augmentation ne fait pas que déprécier la monnaie relativement aux biens et services, elle fait aussi augmenter la demande et donc les pressions sur les prix des biens et services.

Précisons qu'une baisse des prix régulière et continue (ce qu'on nomme la déflation) est une fausse bonne nouvelle, car le consommateur, voyant que les prix baissent, reportera à plus tard ses choix dans l'espoir que les prix baissent encore davantage, ce qui malheureusement bloque la consommation, la production et, finalement, toute la machine économique.

Vérité 4

L'inflation entame
votre pouvoir d'achat

Les Français se préoccupent assez peu de l'inflation, même si le terme est en très forte hausse dans les requêtes sur les moteurs de recherche... Mais ils se préoccupent bien plus du pouvoir d'achat. De *leur* pouvoir d'achat. Une notion d'économie, passée dans le langage courant dans les années 90.

Le pouvoir d'achat, c'est tout simplement ce que vous pouvez acheter ! Votre pouvoir d'achat dépend de vos revenus et des prix. Le pouvoir d'achat est une notion abstraite. Si vous gagnez 3 000 € par mois, vous pouvez acheter par exemple une demi-voiture d'occasion à 6 000 €, ou encore 1 000 packs d'eau à 3 €, ou encore 3 ordinateurs à 1 000 €... Mais en réalité, vous achèterez un mélange de tout ça et de bien d'autres choses ! Car vous achetez ce que les économistes appellent « un panier de consommation ».

Les ménages qui utilisent uniquement leur véhicule pour se rendre à leur lieu de travail alloueront une part plus importante au carburant dans leur panier de consommation que ceux qui prennent les transports en commun et utilisent peu leur véhicule. C'est évident. Par conséquent, une hausse du prix du carburant pénalisera leur pouvoir d'achat. C'est la goutte d'eau qui a fait défiler des gens vêtus de jaune sur les Champs-Élysées en 2018.

Pour formaliser la notion de pouvoir d'achat, on peut dire que c'est le revenu (R) divisé par les prix (P) : PA = R / P

Si le prix de ce que vous achetez augmente, mais que vos revenus stagnent, votre pouvoir d'achat va baisser, c'est arithmétique !

Si les prix montent, mais que les revenus montent, tout dépendra de l'ampleur de la hausse de chacun d'eux. Si votre revenu croît de 10 %, mais que les prix croissent de 15 %, votre pouvoir d'achat diminue. À l'inverse, ce pouvoir d'achat augmente si les prix n'augmentent que de 5 % quand votre revenu croît de 10 %.

Donc, l'inflation fait mécaniquement chuter le pouvoir d'achat des ménages, sauf si leur revenu monte plus que les prix ! Mais pourquoi le ferait-il dans le contexte actuel ?

Cela semble assez insensé…

Et pourtant, on nous indique que le pouvoir d'achat des ménages n'est pas si atteint que cela.

Regardons les courbes de l'INSEE, l'Institut national de la statistique et des études économiques.

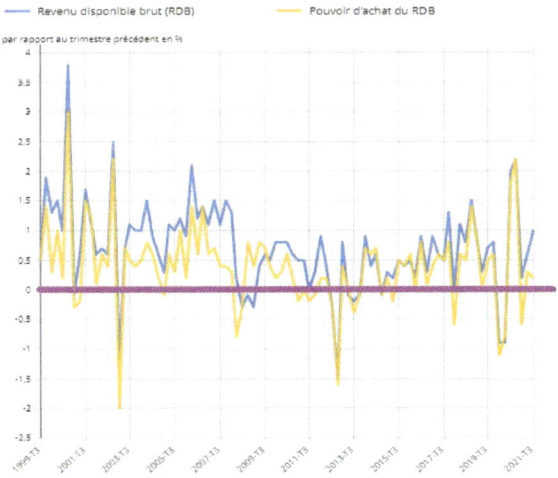

Source : Insee

Ce graphique montre le taux de croissance du revenu disponible brut par ménage, d'un trimestre sur l'autre depuis le début du 21e siècle (en bleu) et il montre le taux de croissance du pouvoir d'achat de ce revenu d'un trimestre à l'autre (en jaune). Quand la courbe jaune se situe sous la ligne violette, cela signifie que votre pouvoir d'achat baisse. Quand elle est au-dessus, c'est qu'il monte. Idem pour les revenus.

On observe, selon ce graphique, que le revenu des ménages augmente quasiment tout le temps (sauf pendant la crise de 2008) et que le pouvoir d'achat, à part en 2003, 2008, 2012 et 2020, monte. À chaque fois qu'il a baissé, cela s'est fait sur un trimestre. Donc, globalement, l'INSEE nous indique qu'il monte. En ce moment, il monterait légèrement, moins que le revenu (normal, puisqu'il y a de l'inflation), mais il serait en hausse.

Cela est confirmé par la courbe suivante :

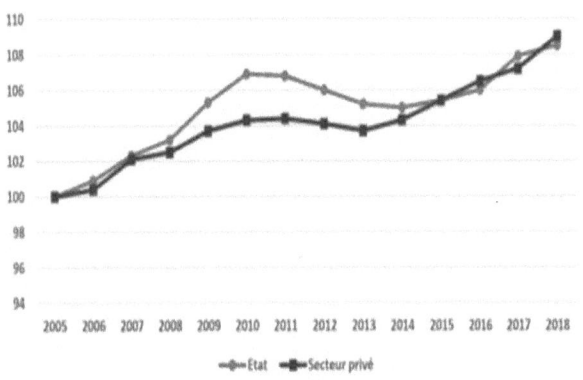
Le pouvoir d'achat du salaire net moyen par tête (base 100 en 2005)

Sur une base 100 en 2005, le pouvoir d'achat serait d'environ 109 en 2018, tant pour les salariés du secteur privé que du secteur public. Autrement dit, en 2018, donc au moment des gilets jaunes, vous pouviez acheter 9 % de plus de biens et services qu'en 2005.

Et aujourd'hui, comme cela a été vu précédemment, eh bien aujourd'hui, tout va bien…

Vous y croyez ?

Non ?

Quel est le problème ?

Vérité 5

L'inflation ressentie par les Français n'est pas celle annoncée par les médias et l'État

Quand on parle de mensonge organisé aujourd'hui, on est tout de suite taxé d'être complotiste. Et pourtant, si on vous dit que votre pouvoir d'achat augmente, et que ça vous énerve et vous frustre car vous vivez exactement l'inverse, c'est parce qu'un véritable mensonge s'organise sur le sujet. Non, les courbes que nous avons vues précédemment ne sont pas du tout fausses ! Elles sont tout à fait véridiques... En fait, le problème vient de la manière dont est calculée l'inflation.

Le pouvoir d'achat se définit comme le rapport des revenus sur les prix.

$PA = R/P$

Vos revenus, vous les connaissez... Mais les prix ? Vous connaissez le tarif de votre baguette de pain, de votre litre de carburant, de vos vacances... Mais l'indice que l'INSEE calcule et utilise pour vous dire quel est le niveau de l'inflation, le connaissez-vous ?

Sur le site de l'INSEE, on peut lire ceci :

« L'indice des prix à la consommation (IPC) est l'instrument de mesure de l'inflation. Il permet d'estimer, entre deux périodes données, la variation moyenne des prix des produits consommés par les ménages.

Il est basé sur l'observation d'un panier fixe de biens et services, actualisé chaque année. Chaque produit est pondéré, dans l'indice global, proportionnellement à son poids dans la dépense de consommation des ménages.

Il est publié chaque mois au Journal Officiel. L'indice des prix hors tabac sert à indexer de nombreux contrats privés, des pensions alimentaires, des rentes viagères et aussi à indexer le SMIC. »

Vous avez bien lu ? Hors tabac... Le tabac est donc exclu de l'indice des prix. Or, plus de 30 % des Français sont fumeurs (et 80 % d'entre eux fument quotidiennement). Et le prix du tabac a doublé depuis 2005 et triplé depuis 2000... Il y a donc un tiers des Français qui supportent une inflation énorme sur un de leurs biens de consommation courante, et cela est exclu de l'indice des prix à la consommation. Et donc du calcul officiel de votre pouvoir d'achat.

TABAC | LE PAQUET À 10€ EN 2020

€ Prix moyen d'un paquet de 20 cigarettes.

Les hausses de prix depuis 2000

Novembre 2020 → 10€

Avril 2020 — 9,6
Novembre 2019 — 9,1
Avril 2018 — 8,6
Mars 2018 — 8,1
Fin 2017 — 7,1
7
6,8
6,6
6,2
5,9
5,6
5,3
5
3,2

2000 02 04 06 08 10 12 14 16 18 2020

Source : OFDT.

VISACTU

35

Prenons une personne au SMIC qui fume un paquet par jour. Aux prix actuels, cela lui revient à plus de 300 euros par mois. Soit un quart de son salaire. Lorsque le paquet de cigarettes augmente de 5 %, cela impactera, à salaire égal, son pouvoir d'achat de 1,25 % (le quart de 5 %).

Le même raisonnement peut être fait pour le logement.

Eh oui... Tout le monde ne fume pas mais tout le monde a besoin de se loger ! Or, le prix des logements n'entre pas dans la composition de l'indice général des prix, car lorsque vous achetez un logement, cela est considéré comme un investissement et non de la consommation. Il n'empêche que la hausse des prix immobiliers est subie par tous les acquéreurs, qui payent plus cher leurs mensualités de crédits... Et cela ne fait pas partie du calcul de l'indice général des prix.

Voici une liste (non exhaustive) d'autres biens et services qui ne sont pas pris en compte dans l'indice général des prix :

– les ventes de véhicules d'occasion entre particuliers, dont les prix ont pourtant récemment flambé ;

— les services de plomberie et d'électricité concernant de gros travaux d'entretien et de réparation ainsi que les travaux d'agrandissement ou de transformation du logement (considérés ici encore comme un investissement) ;

— les services hospitaliers privés ;

— les services de l'assurance-vie ;

— les pierres et métaux précieux ainsi que les bijoux fabriqués à partir de ces pierres et métaux, considérés comme réserves de valeur, bien que beaucoup de Français les utilisent comme cadeaux, pour faire plaisir sans se préoccuper de la dimension « investissement ».

Comme l'écrit Simone Wapler dans *Money, monnaie, monnaies* (JDH Éditions, mars 2021), chacun a donc son inflation : celle qui est vécue par un jeune étudiant n'est pas la même que celle d'une famille avec de jeunes enfants, qui n'est pas la même que celle d'un foyer de retraités ; celle d'un habitant de Dunkerque – qui a besoin de se chauffer six mois par an – est différente de celle d'un habitant de Marseille. C'est d'ailleurs la thèse que défendent les organismes officiels : il s'agit d'une moyenne et il est normal que votre « ressenti » soit différent. Sauf que le « ressenti » est plutôt toujours « plus » que « moins ».

Plusieurs initiatives de mesures privées de l'inflation ont vu le jour. Mais elles n'ont aucun impact sur le SMIC, par exemple, qui est indexé sur l'indice général des prix.

Citons :

– Le Big Mac Index : l'évolution semestrielle du prix du produit phare de McDonald's, réalisée par *The Economist.*

– Le Billion Price Project : un relevé des prix de tous les vendeurs en ligne fait par un robot qu'on pourrait qualifier de « Google des prix » – projet initié par le Massachusetts Institute of Technology.

– L'étude de l'American Institute for Economic Research intitulée « Spending Habits Shape Inflation » (L'inflation vue à travers les dépenses courantes) et fondée sur l'EPI (Everyday Price Index).

– En France, l'économiste Philippe Herlin[1] a mené un travail minutieux pour recueillir des séries de prix sur un demi-siècle, entre 1965 et 2015, à partir de catalogues de vente par correspondance, brochures publicitaires de supermarchés et publications spécialisées.

Philippe Herlin donne l'exemple de l'évolution du prix d'une Renault modèle «citadine» cotée à l'Argus. Cette voiture pouvait être acquise pour 8 mois de salaire minimum en 1990.

Il fallait compter 10,65 mois de salaire minimum en 2015, soit un renchérissement de 15 % en 25 ans. L'INSEE estime par ailleurs que la voiture ne pèse plus que 3,09 % du panier moyen de consommation des ménages, alors qu'en 1990, la voiture pesait 3,5 % dudit panier. Donc le prix de la voiture a augmenté mais son achat pèse moins lourd.

Toutes ces contre-mesures sont rassurantes : nous n'hallucinons pas quand nous

---

[1] *Pouvoir d'achat – Le grand mensonge*, Éditions Eyrolles.

ressentons une baisse de notre pouvoir d'achat. Mais elles sont aussi inquiétantes : on nous ment !

L'inflation est une donnée clé car, sur le long terme, presque toutes les statistiques économiques sont « corrigées de l'inflation ».

Par exemple, si le PIB est passé de 100 à 105 (donc 5 % de croissance) mais que l'inflation est officiellement de 1 %, le PIB corrigé de l'inflation est de 104 et la croissance corrigée de l'inflation est de 4 %. Mais si l'inflation réelle était supérieure, disons égale à 2 %, le vrai PIB, corrigé, serait lui aussi inférieur (à 103) et la vraie croissance ne serait en réalité que de 3 %.

Vous comprenez avec cet exemple que sous-estimer l'inflation conduit à surestimer la croissance, ce qui est une bonne chose pour le moral des troupes et pour la confiance des créditeurs qui achètent la dette souveraine d'un pays.

Ce n'est évidemment pas le seul avantage qu'ont les gouvernements à minimiser l'inflation.

Ils vont aussi vous faire croire que les placements comme le livret A, le PEL ou autres placements défiscalisés vous rapportent... Ce qui est faux, car il est nécessaire de distinguer le taux d'intérêt nominal du taux d'intérêt réel...

Vérité 6

L'inflation enrichirait les riches...

Les intérêts désignent à la fois les coûts d'emprunt et l'argent que rapporte l'épargne, selon que vous soyez emprunteur ou prêteur, et souvent, vous êtes les deux à la fois.

Ainsi, lorsque vous empruntez auprès d'une banque, les intérêts constituent le coût du prêt correspondant. Son prix, en quelque sorte... Et quand vous déposez de l'argent sur un compte d'épargne, du type Assurance-Vie, PEL, Livret A ou autres, les intérêts constituent le rendement que vous verse votre banque sur ce dépôt. Pour les économistes, c'est le prix de la renonciation à la liquidité. En effet, si votre argent est sur un compte d'épargne, vous ne pouvez pas en disposer à l'instant T. Selon les comptes d'épargne, les contraintes pour en disposer s'avèrent plus ou moins importantes. Ainsi, la banque vous paye un certain prix pour que vous renonciez à cette liquidité.

Les taux d'intérêt expriment le coût ou le rendement en pourcentage du montant que vous empruntez ou que vous prêtez.

Selon la Banque Centrale Européenne (*www.ecb.europa.eu*) : « Le **taux d'intérêt nominal** est le taux effectivement convenu et payé. Il s'agit, par exemple, du taux que les propriétaires d'un bien immobilier paient sur leur crédit hypothécaire ou du taux qu'une banque verse aux épargnants sur leurs dépôts. Les emprunteurs paient le taux d'intérêt nominal et les épargnants perçoivent ce taux. »

Avec une stabilité des prix, un taux d'intérêt de 1 % est vécu par le prêteur ou le souscripteur comme un taux d'intérêt de 1 %. Mais quand les prix montent, la donne est évidemment différente.

En effet, imaginons que vous placiez 1 000 € à 1 % de taux d'intérêt annuel le 1er janvier de l'an 1. Il s'agit du taux nominal. En un an, vos 1 000 € vous rapporteront 10 €. Donc, au bout d'un an, vous aurez 1010 €.

Imaginons que la baguette de pain coute 1 €. Au 1er janvier de l'an 2, vous pourrez acheter 1 010 baguettes de pain au lieu de 1 000. Vous êtes gagnant. Mais imaginons maintenant qu'une forte inflation soit passée par là et que la baguette de pain ait vu son prix croitre de 5 % entre le 1er janvier de l'an 1 et le 1er janvier de l'an 2. Elle vaut donc 1,05 € au 1er janvier de l'an 2. Combien de baguettes pourrez-vous acheter ? 1010/1,05 = 961 baguettes. Bien que vous ayez placé votre argent à 1 % de taux d'intérêt, au bout d'un an, vous achèterez moins de baguettes de pain, car le prix de baguette a augmenté plus vite que votre épargne. L'inflation vous aura pénalisé.

C'est là qu'intervient la notion de taux d'intérêt réel, qui tient compte de l'inflation. Le taux d'intérêt réel est le taux d'intérêt nominal corrigé de l'inflation.

Pour simplifier, et sans entrer dans des calculs mathématiques complexes comme l'équation de Fisher, on peut considérer que le taux d'intérêt réel correspond au taux d'intérêt nominal moins le taux d'inflation.

Un taux d'intérêt nominal de 1 % et un taux d'inflation de 5 % mènent ainsi à un taux d'intérêt réel de -4 %.

Autrement dit, en période d'inflation marquée, comme c'est « officiellement » le cas depuis 2021 (mais en réalité depuis bien plus longtemps, comme nous l'avons vu précédemment), il faut que ce que rapportent vos placements soit bien plus élevé que le taux d'inflation pour que vous soyez gagnant. Autrement, vous êtes perdant. C'est clair et net. Actuellement, avec des taux d'intérêt nominaux très faibles, le grand public est clairement perdant.

En 2022, le livret A a vu son taux remonter à 1 %. Le PEL est à 1 % aussi. Quant aux contrats d'assurance-vie, dits « sans risque », avec l'argent placé sur des fonds en euros, la rémunération varie, selon les contrats, entre 0,9 % et 1,5 %.

En revanche, on nous annonce un taux d'inflation de 1,6 % en 2021 en France, qui s'est accéléré en fin d'année, et qui, selon les prévisions officielles, pourrait être, selon l'INSEE, « compris entre +3,2 % et +3,4 % pour les cinq mois à venir (de février à juin inclus) ».

Même avec les taux d'inflation « officiels », qui ne correspondent pas à la réalité des fumeurs, des conducteurs, ni de beaucoup de monde, les placements mentionnés ci-dessus conduisent à une baisse du pouvoir d'achat de l'épargne mobilisée. C'est un fait.

En revanche, les emprunteurs sont gagnants. Car les taux d'intérêt, s'ils sont bas pour les prêteurs, sont bas également pour les emprunteurs.

Prenons un exemple. Vous souscrivez à un prêt immobilier sur 15 ans de 200 000 euros pour financer l'achat d'un studio. Le TEAG (taux d'intérêt annuel global) du prêt est de 2 %. La mensualité (1 347 euros) restera la même tout au long du remboursement. Si l'inflation est forte, ces 1347 euros, que vous ne pourrez pas injecter dans la consommation de biens et services, vous coûteront de moins en moins de biens et services. Reprenons le cas de la baguette de pain. Avec une baguette à 1 €, vous vous privez de 1 347 baguettes par mois. Avec une baguette à 1,05 € vous vous privez de 1 282 baguettes. Avec une baguette à 2 €, vous vous privez de 673 baguettes… Plus l'inflation est élevée, plus les emprunteurs sont gagnants, du moins si leur taux de remboursement n'augmente pas.

Et comme le dicton dit qu'on ne prête qu'aux riches, eh bien, si c'est le cas, l'inflation enrichit les riches !

Vérité 7

C'est surtout les taxes qui font flamber les prix à la pompe

On ne peut pas parler de l'inflation sans parler du pétrole qui est au cœur de la problématique, car vous retrouvez la hausse des cours du pétrole dans le prix du carburant que vous payez à la pompe mais aussi dans vos différentes factures énergétiques.

Le pétrole est devenu, à partir des années 50, la première source d'énergie dans le monde, alors que l'époque du charbon se terminait. Il satisfait aujourd'hui plus de 30 % des besoins énergétiques mondiaux.

– Le pétrole est la principale matière première des carburants, qui alimentent les transports que sont voitures, camions, avions.

– Le pétrole est une matière première irremplaçable pour l'industrie de la pétrochimie pour un grand nombre de produits de la vie quotidienne : matières plastiques, peintures, colorants, cosmétiques, etc. Les PVC, polypropylènes et de nombreux autres plastiques sont fabriqués à partir de pétrole.

– Le pétrole sert aussi comme combustible dans le chauffage domestique et comme source de chaleur dans l'industrie, mais cela n'est en revanche pas aussi important qu'on pourrait le croire. Il représente ainsi moins de 5 % de l'électricité mondiale, les autres sources d'énergie électrique étant nombreuses (nucléaire, charbon, hydraulique, éolienne).

Mais aujourd'hui, le pétrole pollue d'une part... et s'épuise d'autre part. Le pétrole est en effet une énergie fossile dont les réserves sont limitées à l'échelle de la planète. Impossible de savoir combien d'années de réserves existent. Toutes les estimations sont remises en question aussitôt qu'elles sont réalisées. Toujours est-il qu'il s'épuise, c'est un fait.

D'où le fait que l'on recherche à utiliser des énergies alternatives. On pense tout de suite à l'électricité pour les voitures, mais aussi à l'hydrogène. On pense au nucléaire, tant apprécié en France et décrié par les mouvements écologistes. On pense aux énergies vertes, diverses et variées, de l'éolienne à la biomasse, aux recyclages, etc. On pense évidemment au gaz, et au gaz de schiste aux États-Unis. Et on peut penser à d'autres sources d'énergie, bien entendu.

Actuellement, force est de constater que l'inflation est très forte sur les produits énergétiques et que cela impacte les ménages bien plus que ne le montrent les indices officiels de l'inflation.

Cette hausse généralisée des produits énergétiques n'est pas étrangère à la flambée des cours du pétrole. En effet, le pétrole reste le guide des cours de l'énergie, même si parfois, il peut y avoir des divergences entre les évolutions des cours du pétrole et celle des cours des autres produits énergétiques.

Le cours du pétrole est à l'énergie ce qu'est l'or aux cours des métaux précieux, et ce que le Dow Jones est aux indices

boursiers mondiaux. Aujourd'hui, on peut rajouter : ce que le Bitcoin est au cours des autres cryptomonnaies. Ils sont tous des guides, des références qui mènent tôt ou tard les « concurrents » dans leurs directions.

Et, depuis la fin de la crise sanitaire, du moins depuis la fin des confinements, le cours du pétrole, qui avait alors plongé vers des plus bas historiques, ne fait que remonter, comme le montre le graphique suivant :

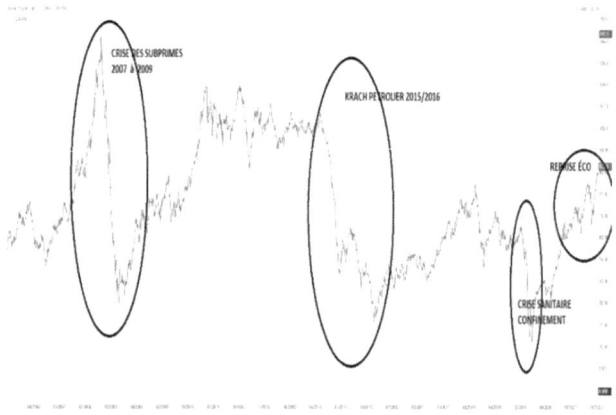

On observe sur ce graphique, réalisé sur les vingt dernières années, une forte volatilité des cours du pétrole. Le plus frappant est de constater l'impact de la crise des subprimes sur les cours du pétrole. Dans un premier temps, jusqu'en juin 2008, les cours ont flambé, tutoyant un record absolu à 150 dollars le Brent. Cela était dû aux craintes généralisées, aux tensions diverses et variées, le pétrole faisant, comme l'or, parfois office de valeur refuge, mais dans une moindre mesure que l'or tout de même. À partir de juin 2008, la crise s'amplifiant, le cours du pétrole s'est alors effondré, descendant à moins de 40 dollars. La peur d'une crise fait monter les cours du pétrole, mais quand une crise est là, s'installe, elle fait alors baisser les cours de l'or noir, car qui dit crise dit moindre utilisation des avions, des camions, etc. Donc moins de demande. C'est ce qu'il s'est passé en 2020 avec les confinements. Le cours du Brent avait touché un plus bas à 20 ans.

Maintenant que la reprise est là, et que par ailleurs on craint une prochaine crise en raison de l'inflation, les raisons d'une hausse sont bien réunies et on les observe ! De plus, les tensions géopolitiques font aussi grimper les cours du pétrole. D'une manière générale, toute forme de tension géopolitique le fait monter, surtout lorsqu'un pays producteur est impliqué ! Ce qui est le cas en ce début d'année 2022 avec la Russie. Et on a connu plusieurs fois des remontées lors de tensions au Moyen-Orient, où se trouvent beaucoup de pays producteurs.

À ce sujet, voici une carte du monde des principaux pays producteurs (en 2013) :

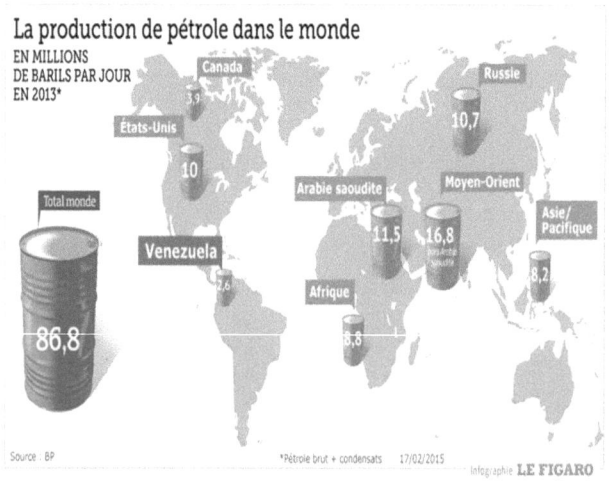

Source : données BP, mise en forme par Le Figaro

Plus les pays producteurs sont impliqués dans des conflits, ou sont l'objet de catastrophes (climatiques, industrielles, etc.) ou d'instabilité politique, plus le cours du pétrole a des chances de monter.

Donc, en résumé, les facteurs de hausse des cours du pétrole sont :

– Une incertitude économique, et paradoxalement aussi une forte croissance économique qui induit une forte demande de pétrole.

– Des tensions au niveau de l'offre de pétrole, donc des tensions qui concernent les pays producteurs, directement ou indirectement.

Mais vous remarquerez que le cours du pétrole, bien qu'il remonte fortement depuis la fin des confinements, reste en-dessous de ses plus hauts sommets historiques. Il est à moins de 100 $ le Brent en février 2022 alors qu'il était couramment à 125 $ en 2011/2012. À cette époque-là, en gros il y a 10 ans, le litre de diesel coûtait 1,45 €. Vu que le pétrole est 30 % moins cher en février 2022, le diesel devrait donc logiquement couter 1,10 € le litre environ.

Eh bien non ! Il s'approche de plus en plus des 2 € le litre… Il n'a jamais été aussi élevé.

Cela est dû à la fameuse taxe sur les produits pétroliers dite TICPE (Taxe Intérieure de Consommation sur les Produits Énergétiques), qui est fixe et non dépendante du cours du pétrole, contrairement à la TVA (que vous payez aussi, bien entendu).

Voici l'évolution de cette taxe depuis une dizaine d'années :

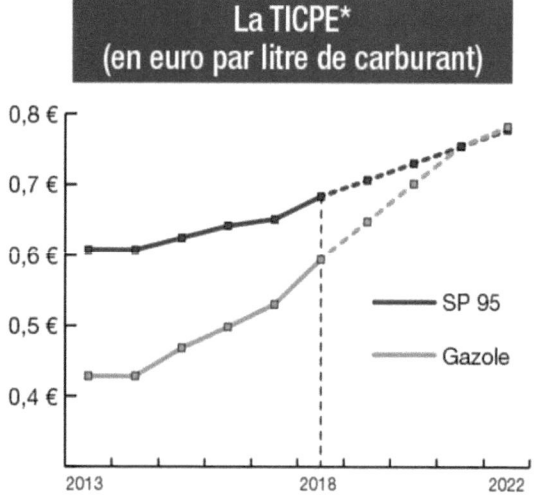

Taxe intérieure de consommation sur les produits énergétiques.

Source : La voix du Nord

Elle a doublé sur le diesel et a augmenté de 33 % sur le SP95... Que dire... Sinon que pour enfoncer le clou, la part des produits énergétiques dans le calcul de l'indice général des prix est très faible... Et donc, si vous utilisez votre véhicule très souvent, là encore, vous allez ressentir une baisse de pouvoir d'achat alors qu'on vous dira que « non, votre pouvoir d'achat augmente ! ».

Vérité 8

On peut résister, voire s'enrichir face à l'inflation

Face à l'inflation, il ne faut pas rester inactif, au risque de voir son patrimoine se déprécier par rapport à ce qu'il permet de se procurer.

L'idéal est à la fois de se protéger de l'inflation, et d'en profiter...

Pas évident...

Comme nous l'avons vu au chapitre 6, l'inflation enrichit les emprunteurs, surtout si ce qu'ils empruntent prend de la valeur... C'est le cas de l'immobilier, évidemment, mais aussi de certains actifs dont les prix ne cessent de monter, comme les grands crus classés pour le vin, ou encore les montres de collection. Eh oui, contrairement aux idées reçues, il est plus intéressant, aussi ridicule que cela puisse paraître, de s'endetter pour acheter du vin (mais uniquement des grands crus classés, et de préférence à des ventes aux enchères – pour d'anciennes bouteilles – ou bien en primeurs – pour des crus très récents) ou une montre de collection, que pour acheter un canapé ou une voiture qui sont des biens qui perdront de la valeur. Dans l'absolu, rien ne dit que les montres ou les grands crus vont poursuivre sur leur lancée inflationniste, mais la probabilité reste élevée, compte tenu du fait que les riches se sont considérablement enrichis ces dernières années, et que ces biens sont très demandés par les personnes les plus fortunées.

L'emprunt à taux fixe est une bonne stratégie face à l'inflation, surtout dans un contexte de taux d'intérêt bas comme cela reste le cas en ce moment.

Mais pour cela, il faut avoir des capacités d'emprunt, d'une part, et quand on sait que l'argent mis tous les mois dans les mensualités des crédits ne peut pas être utilisé à autre chose, il faut avoir la capacité d'acheter des biens et services par ailleurs. Ce qui n'est pas donné à tout le monde.

Concernant la manière de placer son épargne, il faut que l'argent investi rapporte plus que le taux d'inflation. Donc, si on part sur une prévision officielle à 3,5 % d'inflation en 2022 mais une prévision « ressentie » à 5 %, il convient donc de placer à plus de 5 % de rendement.

En fait, l'inflation annoncée et ressentie, c'est un peu comme les températures... Il y a celle du thermomètre et celle que vous ressentez. Encore que le thermomètre, lui, est objectif.

Passons...

Pour viser plus de 5 % de rendement, il faut clairement oublier la sécurité. Il faut prendre des risques. Mais de toute façon, si vous n'en prenez pas, votre épargne perdra en pouvoir d'achat.

Quand on pense risque, on pense à la Bourse.

Est-ce que la Bourse et l'inflation font bon ménage ?

On pourrait penser de manière intuitive que l'inflation et les cours de bourse seraient liés positivement. L'inflation progressant, le prix de vente des produits augmenterait et donc les chiffres d'affaires des entreprises cotées seraient en hausse, entraînant des marges plus fortes et donc un effet de levier sur les cours des actions.

La réalité est bien plus complexe et bien plus nuancée.

En effet, sur les secteurs fortement utilisateurs de matières premières dans leur production, comme les produits pétroliers, une inflation fait de facto baisser les marges.

De plus, une inflation élevée présage souvent d'une faible croissance « réelle » des bénéfices à long terme. En effet, en période d'inflation, les différentes méthodes d'actualisation des cash-flows pour anticiper les bénéfices futurs se font sur la base de taux d'actualisation forcément plus élevés, ce qui réduit les bénéfices futurs escomptés.

À moyen terme, on remarque que les attentes du marché concernant la croissance des bénéfices sont négativement liées à l'inflation anticipée. De plus, les valorisations des actions (les PER ou ratios de cours sur bénéfices) sont négativement affectées par l'inflation anticipée. En période inflationniste, le PER moyen du marché (qui est très élevé actuellement) a tendance à baisser, ce qui fait baisser le cours des actions.

Pourtant, la Bourse n'est pas à jeter. En effet, il est une classe d'actions qui profite de l'inflation : ce sont les actions dites à « haut rendement » ou « high yield ».

Pour que les actions qui offrent un gros rendement soient attractives, il faut que les placements considérés comme « sûrs » (obligations d'État, placements monétaires) soient, eux, non attractifs. L'argent ira vers des actifs à risque seulement si les actifs considérés comme sans risque sont inintéressants. En période d'inflation, en général, les taux monétaires, et obligataires suivent ceux de l'inflation, afin que l'argent orienté vers les placements sûrs ne se déprécie pas. Par exemple, quand vous avez 2 % d'inflation, si vos placements sûrs rapportent 1 %, alors leur taux de rendement réel est de -1 %. D'où le fait qu'en général, dans de telles périodes, le taux de rendement des placements sûrs s'établit au moins à 1 ou 2 points au-dessus du taux d'inflation. Ce qui déprécie les valeurs de rendement, car les investisseurs préfèrent avoir du 4 % sans risque que du 6 % risqué. Cela est la logique normale du marché.

Mais la période actuelle est si atypique, si déréglée, si déséquilibrée économiquement parlant, que ces mécanismes ne se mettent pas en place ! Ainsi, on a une inflation qui ne fait que monter et des taux qui restent bien en dessous, voire encore négatifs ! Dans ces conditions, les valeurs de haut rendement continuent d'être de vrais refuges !

Le **rendement** qu'offre une action est le rapport, exprimé en pourcentage, de son coupon (ou dividende) annuel et de son cours de bourse à l'instant T. Ce dividende étant la partie des bénéfices qui est distribuée aux actionnaires. C'est ainsi qu'avec un coupon annuel de 3 €, un titre offre 10 % de rendement avec un cours de 30 €, mais 8 % avec un cours de 37,5 € (soit 3/37,5) et « seulement » 7,5 % avec un cours de 40 € (soit 3/40).

Évidemment, la pérennité d'un dividende n'est jamais assurée. Une action est par essence un actif risqué, contrairement aux placements monétaires de type livret, qui eux sont beaucoup moins rémunérateurs mais offrent un rendement médiocre, avec un risque qui tend vers 0 (le risque 0 absolu n'existe pas).

Cela dit, on a pu constater que malgré la crise que nous avons subie, le rendement global ne s'est pas effrité. Au contraire, il a augmenté, car beaucoup de sociétés ont maintenu leur coupon, alors que leur cours de bourse a baissé, créant d'importantes opportunités de rentes.

Avec la crise sanitaire, les entreprises rémunératrices, qui se sont abstenues en 2020 de distribuer un coupon, se sont mises assez massivement, pour fidéliser l'actionnaire et pour lisser le cours de leur action, à distribuer un coupon augmenté pour certaines, normal pour d'autres, après avoir en quelque sorte économisé un an de dividende, afin de renforcer leur trésorerie et de se maintenir des possibilités de coupons exceptionnels à l'avenir.

La plupart des coupons sont distribués entre mai et juillet. Et pour les sociétés qui versent deux fois par an, le complément est souvent donné à la rentrée ou parfois en fin d'année. Un portefeuille boursier correctement diversifié consiste aussi à essayer de lisser du mieux possible le rendement global sur l'ensemble de l'année. Bien sûr, une pointe apparaîtra entre mai et juillet, et un creux entre janvier et mars.

En fait, les rendements sont judicieusement distribués : avant les vacances d'été, après ces mêmes vacances, et avant Noël !

Quand vous faites vos choix, il sera important de regarder l'antériorité du coupon servi. En effet, une société peut très bien décider de distribuer un gros coupon une année, donnant un rendement instantané de 15 %, et ensuite plus rien...

Plus la récurrence du coupon servi sur le passé sera forte, plus la probabilité que le coupon continue d'être servi à l'avenir sera élevée elle aussi. Par ailleurs, la progression du coupon passé a elle aussi son importance. Il vaudra mieux préférer une action dont le coupon a été en progression qu'en régression.

Enfin, observer la dynamique, la progression des bénéfices, permettra d'anticiper, dans le cas d'une société ayant une culture du dividende, les éventuelles hausses à venir de ce dernier, qui se répercuteront immanquablement sur le cours de bourse de l'action.

Ces raisonnements sont tout particulièrement valables sur le marché américain, où des sociétés comme les REITs, des sortes d'agences hypothécaires, ont une très forte culture du dividende et de son augmentation. Ou des sociétés de transport pétrolier et gazier, qui ont aussi une forte culture du dividende.

Sur le site *Francebourse.com*, le portefeuille RENDEMENT a gagné 32 % en 2021 et continue de monter en 2022 !

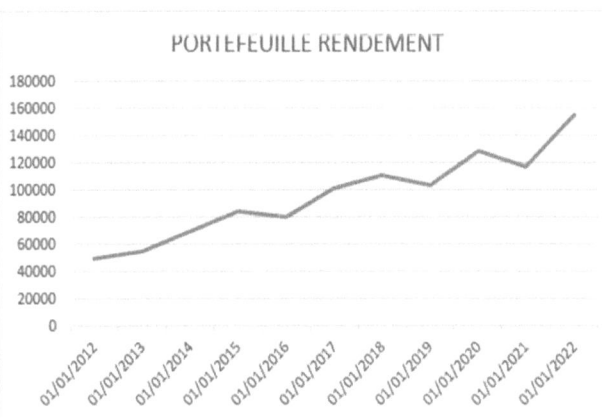

Source : Francebourse.com

Cependant, cette flambée des valeurs de haut rendement prendrait fin si jamais avait lieu un krach obligataire. Donc une fuite massive des obligations d'État. En effet, actuellement, ces titres sont fortement achetés, surtout d'ailleurs par les banques centrales (ce qui permet aux États de financer leur dette croissante) qui créent de la monnaie pour cela (d'où, en partie, le phénomène de hausse des prix, comme nous l'avons vu au premier chapitre). Si ces obligations, considérées comme des placements sûrs (du moins pour des États comme la France, l'Allemagne, les États-Unis, etc.), venaient à ne plus être achetées, leur prix baisserait, très logiquement (loi de l'offre et de la demande). Cette baisse de leur prix ferait mécaniquement grimper leur rendement. Actuellement, ce dernier est très bas, et proche de zéro. Il a même été négatif.

Voici les évolutions du taux de rendement de l'OAT France sur les 10 dernières années :

On constate clairement une forte remontée depuis le début 2022. Mais le taux reste encore faible dans l'absolu, nettement sous les 1 % de rendement. Donc moins qu'un livret A.

Un rendement supérieur au taux officiel de l'inflation (donc autour de 3 % pour 2022) ferait que les investisseurs considèreraient alors que ce placement « sans risque » deviendrait rémunérateur, puisque son taux d'intérêt réel serait alors positif. Ce phénomène attirerait les capitaux vers ces obligations au détriment des actions de haut rendement ou « high yield », car les obligations souveraines sont, à tort, considérées comme plus « sûres ». À tort, car dans la réalité, il se peut très bien qu'un État n'ait plus les moyens de rembourser ses créanciers (surtout avec un taux d'endettement égal à 115 % du PIB, comme c'est désormais le cas de la France), alors qu'une entreprise comme Orange (valeur française de haut rendement par excellence), par exemple, aura encore de la trésorerie à distribuer, vu sa position sur son marché.

Voilà pourquoi ces valeurs de rendement ne doivent pas être considérées comme le placement miracle. Elles le sont actuellement précisément car les taux d'intérêt sont très bas malgré une inflation qui progresse.

Ainsi, un autre placement auquel on ne pense pas forcément pour se protéger de l'inflation, et qui peut même être considéré comme une opportunité, c'est l'argent. Le métal précieux.

L'argent est un métal précieux, mais moins précieux que l'or. Ne parle-t-on pas de médaille d'or pour le premier et de médaille d'argent pour le deuxième lors d'une compétition... Dans une compétition de judo, par exemple, celui qui est deuxième a forcément perdu un combat. On comprend que le cours de l'argent soit moindre que celui de l'or !

Donc, l'argent est associé dans l'inconscient collectif à une image de préciosité mais pas d'excellence absolue comme c'est le cas de l'or.

L'argent se décline, comme l'or, en lingots, en onces, en pièces, etc. Et son cours varie en permanence sur les marchés financiers, comme l'or. Mais l'argent a toujours été et sera toujours moins cher que l'or.

Le cours de l'once d'or et de l'once d'argent peut s'exprimer en n'importe quelle devise, mais celle de référence est le dollar, et le mieux est de faire les comparaisons dans le temps en dollars.

Sur les 45 dernières années, le ratio or/argent, qui mesure donc le prix relatif de l'or par rapport à l'argent, a oscillé entre 20 et 120. C'est-à-dire que l'or a coûté entre 20 et 120 fois plus cher que l'argent.

L'argent fait office, comme l'or, de valeur refuge, mais c'est un peu, en quelque sorte, « l'or du pauvre ».

Mais l'argent n'est pas seulement une valeur refuge comme l'or. L'argent est aussi une valeur industrielle, car utilisée dans de très nombreux composants industriels. Donc le cours de l'argent a tendance à monter en période de croissance industrielle, car c'est un composant important dans beaucoup d'industries, surtout de haute technologie.

Par ailleurs, l'Histoire montre que quand il y a un krach boursier, dans un premier temps, l'or monte et l'argent baisse... Ce qui s'est produit en 2020... Mais par la suite, l'argent remonte.

Sur un plan économique, on notera aussi que la meilleure alliée de l'argent est l'inflation. Durant l'inflation galopante des années 70, le prix de l'argent a grimpé de plus de 3 000 % !

Or, les injections massives de liquidités dans l'économie faites par les banques centrales ces dernières années, qui viennent de provoquer une inflation qui n'est pas près d'être jugulée, laissent à l'argent un beau potentiel de hausse. Surtout que le ratio or/argent, dont il a été question plus haut, est à 80 ! Après avoir touché le chiffre incroyable de 120... Un record absolu !

La moyenne historique se situe entre 30 et 60 sur ce ratio, et les plus bas vers 19.

Voici ce graphique sur les 50 dernières années :

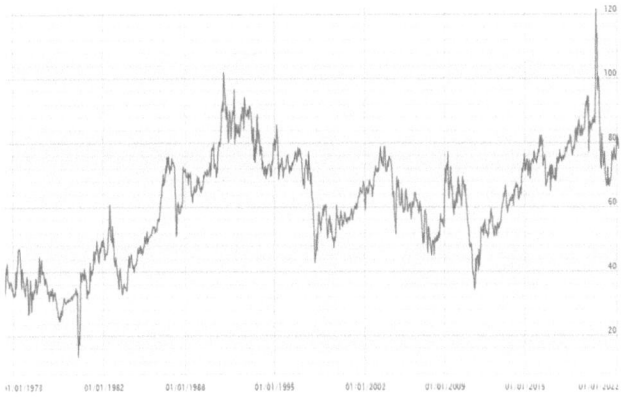

Source : Bullion By Post

À noter que ce métal n'est pas non plus présent en quantité illimitée sur la planète. Dans son inventaire publié en mai 2018, la LBMA (London Bullion Market Association) fait état d'un stock de 25 000 tonnes en 2018 (source : *lbma.org.uk*), mais sans préciser si ce stock est ou non à vendre. En ce qui concerne la COMEX, le stock s'élève à 302 millions d'onces, dont seulement 80 millions sont à vendre à un prix défini par le vendeur.

Évidemment le prix peut être régulé en fonction du stock à vendre, mais il n'est pas impossible que devant une forte demande, les vendeurs laissent la pénurie s'organiser...

Par conséquent, l'argent, dont le cours a déjà fortement commencé à grimper, pourrait continuer d'être un placement intéressant pour les années à venir, et surtout en cas de crise monétaire.

Voici l'évolution du cours de l'argent sur les 20 dernières années :

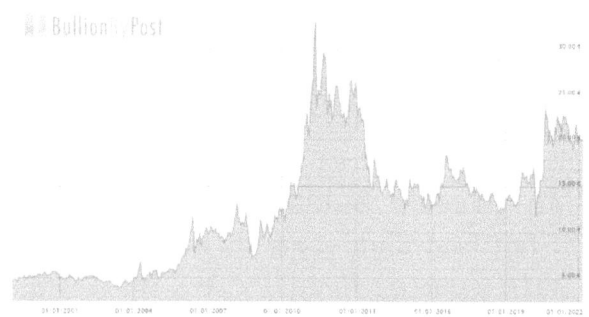

Source : Bullion By Post

À noter que les amateurs peuvent acheter des lingots d'argent mais aussi des trackers, comme le tracker qui a le code suivant : **GB00B15KY328**, et qui est achetable en bourse comme l'est une action.

Enfin, une préconisation de bon sens face aux opportunités qu'offre l'inflation consiste à mettre en location saisonnière ses biens immobiliers, via des sites dédiés, dont nous ne citerons pas de noms. Grâce à l'inflation, le coût des vacances augmente. Il y a peu de statistiques sur le sujet, mais une simple observation empirique sur les sites de réservation permet de réaliser la très forte hausse des tarifs. Ce que confirme la présidente de *PAP.fr* :

«À la campagne ou sur le littoral, les prix des locations ont nettement augmenté par rapport à l'année dernière : +12,2 % pour les maisons et +7,2 % pour les appartements, toutes régions confondues.»

Source : *Les Échos*, juin 2021

Parallèlement à cette flambée des prix locatifs, le prix des heures de ménage, correspondant en gros au SMIC, voit sa progression indexée sur l'inflation « officielle ». Donc un taux de croissance bien moindre. Autrement dit, il est avantageux de profiter de l'inflation généralisée pour louer ses résidences secondaires, quitte à proposer des services de ménage dont la hausse est bien plus modeste.

Vérité 9

Le vrai risque est la stagflation et il faut déjà l'anticiper

L'**hyperinflation** (ou «**inflation galopante**») correspond à la situation d'une économie affectée par une **inflation** extrêmement élevée, qui augmente de mois en mois, échappant à tout contrôle. La monnaie se déprécie un mois après l'autre, et finit par perdre complètement de sa valeur.

Actuellement, nous en sommes loin, et cette situation peu enviable a peu de risques d'advenir. L'Argentine est un des pays du monde qui connaît ce type de situation avec une hausse des prix de plus de 50 % en 2021, faisant suite à 36 % en 2020 et 54 % en 2019…

La stagflation désigne quant à elle une situation économique où une inflation élevée, c'est-à-dire une hausse généralisée du niveau des prix, coexiste avec une stagnation de la croissance économique, donc un PIB atone.

Cette situation risque malheureusement de se produire en Europe et surtout en France dès l'année 2023. En effet, le PIB a fortement augmenté en 2021 en raison de sa baisse organisée de 2020. Organisée car la fermeture de l'économie a été voulue et décrétée par les gouvernements. Ainsi, la **croissance** du produit intérieur brut français a atteint 7 % en **2021**, un record depuis 52 ans, mais qui intervient après la récession record de 2020 (-8 %). Sur 2022, le FMI envisage une croissance du PIB mondial de 4,4 % et la **Banque de France** table sur une progression de 3,6 % du PIB français. Par contre, un retour « à la normale », c'est-à-dire entre 1 et 2 % de croissance annuelle du PIB, est envisageable dès 2023, et peut-être même une légère récession (donc une baisse du PIB) si les taux d'intérêt se mettaient à monter plus vite que prévu et surtout si les banques centrales venaient à monter leurs taux directeurs. L'inflation se sera-t-elle calmée d'ici là ? Cela est peu probable vu la direction qui est prise. Il y a alors, dès

2023, ou peut-être même dès la fin 2022, un risque de stagflation.

Autant aujourd'hui, la hausse des prix est absorbée en quelque sorte par celle du PIB, donc par la création de richesse... Autant à partir de la fin 2022, puis 2023 et années suivantes, cela n'est pas gagné !

La stagflation aurait des conséquences très négatives sur le pouvoir d'achat, ce qui pourrait fort bien entraîner de nouveaux mouvements sociaux tels que ceux connus en 2018. Elle aurait aussi des conséquences négatives en termes d'emploi avec une hausse du chômage, puisque les entreprises, voyant le coût de leurs matières premières croître, tandis qu'elles n'ont pas de hausse suffisante de débouchés, seraient obligées de licencier.

En cas de stagflation, les valeurs de haut rendement préconisées dans le précédent chapitre n'auraient plus le même intérêt. Sauf les plus solides d'entre elles, positionnées sur des secteurs ne pâtissant pas du coût des matières premières ou en profitant. Effectivement, dans un contexte de stagflation, les actions boursières perdent de leur valeur d'autant plus que la baisse des marchés obligataires (donc la hausse des rendements des obligations souveraines) devient souvent une réalité.

Un tel schéma profite aux métaux précieux, notamment or, argent et platine. Nous l'avons vu pour l'argent dans le précédent chapitre. En cas de stagflation, l'or serait aussi concerné... Quant aux cryptomonnaies, il y a été fait allusion au premier chapitre. Il est encore trop tôt pour dire avec conviction si ces monnaies privées numériques seraient ou non des remparts contre la stagflation. Dans les précédentes périodes de stagflation, elles n'existaient pas...

CONCLUSION

L'État crée de l'inflation. Avec ses taxes (comme celle sur les produits pétroliers pour l'État français, une taxe en constante augmentation), mais aussi, via les Banques Centrales, avec la création monétaire massive, comme cela a été le cas ces dernières années.

Cette inflation ne se retrouve pas forcément dans les indices officiels des prix à la consommation, car beaucoup de produits en sont exclus, comme le tabac qui concerne pourtant un tiers des Français. Ainsi, l'inflation perçue est souvent plus élevée que l'inflation annoncée. Mais l'aubaine est que le SMIC est indexé sur l'inflation officielle, ce qui génère des opportunités pour les possesseurs de résidences secondaires qui peuvent les mettre en location, en proposant des services.

Qui possède des résidences secondaires ? Ce sont souvent ceux qui peuvent emprunter et donc profiter des taux d'intérêt bas qui constituent une véritable aubaine de s'endetter dans une économie inflationniste. Ainsi, l'inflation profite aux plus riches et pénalise les plus pauvres, en raison de l'effet joué par les taux d'intérêt. Ainsi, elle creuse les inégalités.

Heureusement, pour qui accepte de prendre des risques en sortant du schéma mental du livret A, il y a des moyens de s'en prémunir au maximum, voire d'en faire une alliée… L'achat d'or, d'argent ou de valeurs de haut rendement en sont des exemples.

Du moment que la stagflation, déformation perverse de l'inflation, ne nous envahit pas… Ce qui n'est, hélas, pas du tout à exclure…

Principale bibliographie récente de l'auteur

L'économie ? Rien de plus simple !
JDH Éditions, 2018

Notre pouvoir d'achat est-il condamné ?
JDH Éditions, 2018

Tout le monde peut s'enrichir en bourse
JDH Éditions, 2019

Face au monde d'après
JDH Éditions, 2020

Suivez les analyses quotidiennes
et les recommandations boursières
de Jean-David Haddad :

www.francebourse.com

Suivez **JDH Éditions** sur les réseaux sociaux
pour en savoir plus sur les auteurs,
les nouveautés, les projets…

Inscrivez-vous à notre Newsletter sur
<u>www.jdheditions.fr</u>
Pour recevoir l'actualité de nos nouvelles
parutions